DESCUBRE

Aves

Escritor:
Scott Weidensaul

Consultor:
Todd A. Culver

HTS BOOKS
AN IMPRINT OF FOREST HOUSE™
School & Library Edition

Fotografías:

Cubierta: Clayton A.Fogle; Superstock; O.S. Pettingill/VIREO
Cubierta trasera: C.H. Greenewalt/VIREO

Animals Animals: Doug Allan: 34; Donn Renn: 35; Charles & Elizabeth
Schwartz: 8; **Kent & Donna Dannen:** índice de materias; **Clayton A.
Fogle:** 4, 8, 9, 19, 23, 24, 36, 42-44, guarda trasera; **FPG International:**
guarda, 14, 40; Gary Brownell: guarda trasera; H. Lanks: guarda; Bill Losh:
guarda, 18, 40; Len Rue, Jr.: 17; Schmidt: 25; L. West: guarda; **Images
of Nature:** Thomas D. Mangelsen: 10, 12, 30, 33; Steven C. Kaufman:
12, 30, 32, 33, guarda trasera; **R.Y. Kaufman/Yogi:** 13, 26, 32, 33,
guarda trasera; **Stan Osolinski:** 26; **Photri:** Lani Howe: guarda, índice de
materias; B. Kulik: 18, 20; M. Long: 22; Leonard Lee Rue III: 21, 23, 28,
37; **Superstock:** 11; **Tom Stack & Associates Photographers:** Mary
Clay: 23; Thomas Kitchin: 15, 18; Brian Parker: guarda; Don & Esther
Phillips: 28; Robert Rozinski/Wend Shattil: índice de materias; Kevin
Schafer: 39; Dave Watts: 31; **VIREO:** S. Bahrt: 4, 34, 35; A. Carey: 7,
12, 28; Allan & Helen Cruickshank: 10, 11, 17, 20, 21, 23; J. Dunning:
36, 39, 40; Sam Fried:10; W. Greene: 27; C.H. Greenewalt: guarda,
portada, índice de materias, 6, 16, guarda trasera; B. Henry: 6, 24, 30;
B.M. Jett: 38; Lou Jost: 40; M.P. Kahl: 22; S.J. Lang: 4, 5, 18; A. Morris:
guarda, 14, 16, 20, guarda trasera; C. Munn: 43; J.P. Myers: 32; J. Oakley:
29; O.S. Pettingill: 35; R. Ridgely: 42; D. Roby: 35, guarda trasera; F.K.
Schleicher: 4; B. Schorre: 11, 24, 27; Ned Smith: 6, 17; F.S. Todd: 34; D.
Wechsler: 36, 38, 41; B.K. Wheeler: 15, 29; J.R. Woodward: 14, 16;
Kathy Watkins: 15.
Ilustraciones: Pablo Montes O'Neill; Lorie Robare

ÍNDICE DE MATERIAS

EN TU PROPIO PATIO en-
contrarás miles de aves que construyen sus
nidos y crían a sus pequeños en presencia de
los seres humanos. Ya sea en una ciudad, en

un patio suburbano o
en una granja tranquila,
bellas aves compartirán su mundo
contigo.

Los pájaros de tu patio tienen
todas formas y tamaños, desde el
pequeño colibrí hasta el reluciente azulejo. Se alimentan de
nueces, semillas, frutas e insectos. Darán la
bienvenida al invierno con regueros de semillas en la nieve. Si
plantas árboles frutales les harás una invitación tentadora.

Las huellas en el suelo o
en la nieve te dirán
quién te ha estado
visitando. Pudo haber
sido un abadejo, un pe-
tirrojo, una oropéndola o un azulejo.
Tómate tu tiempo y disfruta el espec-
táculo.

4

CARDENAL

El color suave de la hembra del cardenal le ayuda a confundirse con su nido cuando empolla sus huevos. Los cardenales cuando nacen no son rojos.

Cuando construyen el nido, la hembra se sienta frecuentemente en él para que tenga la forma de su cuerpo.

El cardenal macho es un pájaro crestado de color rojo. Es rojo, excepto por una mancha negra que tiene en su cara y en su cuello. Mide alrededor de ocho pulgadas (20 cm) desde el pico hasta la cola. La hembra tiene la misma forma que el macho, incluyendo la cresta que puede levantar o bajar según su estado de ánimo. Sus colores son suaves, café-rosado con una mancha roja en la cresta, las alas y la cola.

El alimento favorito del cardenal son las semillas de girasol. Antes de ingerir una semilla de girasol, el cardenal la acomoda en su pico con su lengua, la presiona para abrirla, escupe la cáscara y se traga el interior. Los cardenales también comen insectos, semillas de calabaza, granos y fruta.

En tiempos de la conquista, los cardenales sólo existían en el sur de los Estados Unidos. Durante los últimos 200 años conforme se han expandido los pueblos y las granjas, el hábitat de los cardenales ha mejorado. Ahora los cardenales no sólo se encuentran en los Estados Unidos sino que también en Canadá.

A los cardenales no les gusta vivir en las profundidades de los bosques. Prefieren las inmediaciones de éstos, los jardines suburbanos, las arboledas y los parques. El cardenal canta así: Juit, juit, juit, chir, chir, chir.

El fuerte pico del cardenal está perfectamente diseñado para partir las duras semillas.

PETIRROJO

El pecho rojo del petirrojo ayuda a las personas a reconocerlo fácilmente, también es la forma como ellos mismos se reconocen. El pecho del petirrojo macho es de un rojo encendido, sus crías tienen el pecho moteado.

Los petirrojos construyen sus nidos en las altas ramas de los árboles, en arbustos o en cualquier otro lugar que sea plano. Están hechos de hierbas, ramas y lodo. Generalmente la hembra pone cuatro huevos.

De aquí a acá en verano

De aquí a acá en invierno

MAPA MIGRATORIO

En el invierno, la mayoría de los petirrojos emigran a lugares cálidos del sur. Sin embargo, algunos petirrojos permanecen en el norte, de manera que puedes apreciarlos aunque haya nieve. Cuando su instinto les avisa que el invierno ha terminado, los machos regresarán primero, seguidos en las próximas semanas por las hembras y las crías.

Los petirrojos comen todo lo que abunde en cada estación. En invierno se alimentan de vegetales, frutas y moras. En verano se alimentan principalmente insectos.

¡La primera seña de que la primavera ha llegado es el canto de un petirrojo fuera de tu ventana!

¿Puede un petirrojo localizar fácilmente a una lombriz de tierra? Los ornitólogos no lo creen así. La razón es que sus ojos están situados en ambos lados de su cabeza, un petirrojo tiene que torcer su cabeza para poder ver sus alimentos.

COLIBRÍES

Los colibríes tienen picos largos como agujas, los usan para chupar el néctar de las flores. Sus patas son muy pequeñas y débiles. Son aviadores fantásticos y apenas pueden caminar.

Usan sus acrobacias para defender sus territorios, cortejar a su pareja o espantar a otros pájaros.

Los colibríes poseen músculos poderosos para el vuelo. La mayoría de las aves sólo tienen desarrollados los músculos del ala que controlan el movimiento hacia abajo. El colibrí, no sólo posee estos músculos desarrollados sino que también tiene músculos poderosos que controlan el movimiento hacia arriba. En vuelo, ¡un colibrí bate sus alas a un promedio de 55 a 75 veces por segundo!

Los colibríes son las aves más pequeñas del mundo. Este colibrí barba negra mide de 3 a 4 pulgadas (7.5 a 10 cm) desde el pico a la cola.

Como el colibrí es el ave más pequeña del mundo, obviamente su nido también es el más pequeño.

Los colibríes pueden volar en cualquier dirección, inclusive de cabeza. Mientras revolotean, sus alas rotan en el hombro y las puntas trazan un patrón en forma de 8. El volar a toda velocidad hacia arriba y luego dejarse venir en picada es su técnica más efectiva de supervivencia. ¡Nadie los puede atrapar!

La mayoría de las especies de colibríes producen dos camadas en cada temporada. Los colores de los huevos varían de acuerdo a la especie, muchos de ellos tienen tonos del color que van de rosa al blanco. Son ovalados y miden menos de media pulgada (1 cm) de largo. La hembra incuba los huevos por un período de entre 11 a 19 días.

El color favorito de los colibríes es el rojo. Los científicos creen que los colibríes no nacen con esta preferencia, sino que la desarrollan. Los colibríes saben que las flores rojas están provistas de néctar con la cantidad apropiada de azúcar que prefieren. Si deseas invitar a un colibrí, cuelga un alimentador de color rojo que contenga jarabe dulce compuesto por una parte de azúcar y cuatro partes de agua. Nunca uses miel y agua. Esta mezcla se descompone y podrías envenenar a estas pequeñas avecillas.

Cuando los colibríes succionan el néctar de las flores, se impregnan de polen. Como las abejas, los colibríes también ayudan a la fecundación cruzada de las flores. Algunas flores dependen más de los colibríes que de las abejas para su polinización.

Los colibríes tienen que ingerir enormes cantidades de alimento para poder mantenerse. El néctar es una fuente de energía rápida. Se cree que un colibrí come la mitad de lo que el mismo pesa en azúcar cada día. Recoge el néctar de las flores metiendo y sacando su lengua a una velocidad de 13 veces por segundo.

Muchas especies de colibríes poseen un angosto buche debajo de su garganta. En este buche almacenan el alimento que no pueden tragar o ingerir en ese mismo momento.

El diámetro del nido de un colibrí garganta de rubí es del tamaño de una moneda grande; ¡los huevos son más pequeños que una moneda chica! El nido se estira conforme crecen las crías dentro de él. Algunos colibríes usan el mismo nido año tras año.

AZULEJO

En un comedero (alimentador), los azulejos muestran preferencia por las semillas de girasol, ¡pero su alimento favorito es el cacahuate! Los azulejos romperán nueces si es necesario.

Si un azulejo encuentra más comida de lo que necesita, la "esconderá" en algún árbol.

El azulejo es miembro de la familia de los cuervos. Como ellos, no existe diferencia de color entre los machos y las hembras.

No todo el mundo se alegra al ver a un azulejo en su patio. Pero otros admiran su brillantez y su valentía. A mucha gente no le gustan los azulejos porque creen que es un ave malvada. Frecuentemente persigue y aleja a las aves más pequeñas que visitan los comederos. Tiene la reputación de robarse los huevos y los polluelos de otras aves para alimentarse.

Ningún animal salvaje es "bueno" o "malo". El azulejo se come los huevos y los polluelos de las aves canoras, pero la mayoría del tiempo se alimenta de insectos, lombrices, semillas, frutas y bellotas.

Los azulejos prefieren anidar en un pino que en cualquier otro árbol. Un pino frondoso esconderá su nido y mantendrá sus polluelos a salvo. El macho y la hembra construyen el nido juntos. El macho no comparte el trabajo de incubar los huevos, pero le trae alimentos a su pareja mientras ella empolla los huevos. Cuando nacen los polluelos, la familia permanecerá junta a través del verano y algunas veces en el invierno. Cuando llega el invierno, se unen a una bandada más grande.

A diferencia de la mayoría de las aves, el azulejo no emigra. Sólo los azulejos que viven en el lejano norte—en Canadá y el norte de los Estados Unidos—volarán hacia el sur durante el invierno. Aun así, sólo volarán al sur hasta que el invierno sea menos frío.

OROPÉNDOLA

No todas las aves construyen nidos. Algunas sólo cavan un hoyo en el suelo, otras ponen sus huevos en las rocas desnudas de los acantilados. Pero el nido de la oropéndola es una maravilla. Parece un saco cuidadosamente tejido con pasto y ramas que cuelga hacia abajo de las altas ramas. Los huevos y los polluelos se encuentran muy protegidos dentro de esa suave bolsa. Aparenta ser débil, pero en realidad es muy fuerte. Es capaz de soportar fuertes vientos y lluvia.

La oropéndola hembra es quien construye el nido, aunque algunas veces el macho le ofrece ayuda. Lo primero que hace es escoger la rama adecuada, generalmente una que esté por lo menos a 25 o 30 pies (7.5 a 9 m) del suelo. Las oropéndolas son muy conocidas por construir sus nidos en ramas de hasta 80 pies (24m) de altura.

La oropéndola hembra empieza a construir su nido tejiendo fibras de pasto, plantas o cuerdas. Una vez que éstas han sido entretejidas, recolecta piezas mucho más grandes de material, como corteza de árboles y algodoncillo. Con eso afirma los lados y el fondo de la bolsa. Se necesitan cientos de pedazos para terminar un nido. Puede tomarle hasta dos semanas terminarlo, si los materiales son difíciles de encontrar.

En verano, las oropéndolas se encuentran por doquier—excepto en el extremo sur.

Puedes "ayudar" a una ocupada oropéndola si cuelgas trozos de estambre en las ramas de los arbustos para que la oropéndola los encuentre.

Las oropendolas del este y del oeste de los Estados Unidos son tan variadas que por muchos años fueron consideradas especies diferentes. En el este se les llama "oropéndolas de Baltimore", en el oeste se les llama "oropéndolas de Bullock".

11

En GRANJAS Y CAMPOS existen aves

que no gustan de páramos arbo-
lados. A cambio, prefieren vivir en campos abiertos donde existen pequeñas
construcciones, cercas y matorrales. Éstas
son las aves de granja.

Las aves de granja y de campo nos son muy familiares, porque
viven muy cerca de nosotros. Son las aves más fáciles de
observar. Si paseas por un camino del campo verás golondrinas haciendo todo tipo de piruetas para
atrapar insectos en el aire. Habrán bandadas de cuervos posa-
dos en ramas o alambres de teléfono, graz-
nando nerviosamente cau, cau, si sienten
algún peligro. El faisán o la codorniz se asomará de entre los

matorrales y go-
rriones de todas
clases revolotearán so-
bre los arbustos. Y en lo
alto del cielo, un halcón
de cola roja se remontará

suavemente en medio de la tibia brisa.

CUERVO IMPERIAL

El cuervo imperial tiene un pico diseñado para "todo propósito". Es fuerte, agudo y largo—perfecto para comer cualquier tipo de alimento.

Cuando un granjero labra la tierra, los cuervos siguen el tractor—a prudente distancia—recogiendo lombrices, insectos o ratones que descubren en el arado. Cuando el maíz brota, los cuervos se alimentarán de los retoños. Se comen los insectos que plagan las cosechas, pero también pueden destruir estas cosechas.

Quienes estudian a los cuervos creen que son una de las aves más inteligentes del mundo. Los cuervos han aprendido a comer granos en los campos, encuentran alimentos en restos de basura y a veces se alimentan de animales muertos en los caminos, sin correr el riesgo de ser atropellados por los autos.

La mayor parte del año viven en grupos. Se juntan hasta 200,000 cuervos en una bandada. En época de apareamiento, se separan en parejas para construir sus grandes nidos con ramas.

La hembra pone de cuatro a seis huevos. Tanto el macho como la hembra incuban los huevos por un período de 18 días. Los polluelos dejan el nido entre 28 a 35 días después. Una pareja de cuervos puede anidar una segunda vez si su primera nidada falla por cualquier razón.

¡Los cuervos son recolectores naturales de basura!

HALCÓN DE COLA ROJA

La cola roja de este halcón adulto es su mejor marca territorial, pero no esperes poder verla siempre. El color anaranjado rojizo está sólo en la parte superior de la cola, es invisible cuando desde abajo ves a un halcón desplazandose en el aire. Podrías observar esta característica instantáneamente sólo si el halcón cuando vuela se inclina hacia un lado.

Como sucede con los demás halcones, sus ojos son más avanzados que los nuestros para captar detalles. Un halcón suspendido a cientos de metros en el aire puede localizar a un ratón que corre sobre el pasto. La dieta del halcón de cola roja varía según las estaciones, come lo que sea más abundante. Se alimenta principalmente de pequeños mamíferos, como ratones, musarañas, conejos y ardillas. Como la mayoría de los depredadores, ellos también atrapan todo lo que pueden, su dieta incluye otras aves, víboras, ranas, lagartijas e insectos grandes.

La parte inferior de los costados del halcón son blancos. Vista desde abajo, la cola tiene un color ligeramente rosado, especialmente si el sol brilla a través de ella.

Comparado con aves más pequeñas, los halcones no ponen muchos huevos. En una nidada normal el halcón de cola roja sólo pone dos o tres huevos. Los polluelos cuando nacen son incapaces de moverse, pero no son tan indefensos como los polluelos de las aves canoras, ya que nacen con los ojos abiertos y cubiertos por una especie de pelusa suave. En pocos días comienzan a pedir alimento.

Aunque el halcón de cola roja caza en campo abierto, anida sobre los árboles. Construye grandes nidos en las ramas.

El halcón de cola roja caza presas vivas para alimentarse, su pico agudo y curvado le facilita el cortar la carne.

GOLONDRINA DE GRANERO

Las golondrinas no comen otra cosa que insectos que atrapan en el aire. ¡Incluso tragan el agua mientras vuelan!

La cola de la golondrina de granero es larga y bifurcada.

Pequeñas formas redondas de arcilla son los bloques que sirven de construcción a un nido de una golondrina de granero. Tanto la hembra como el macho escogen la mejor arcilla—ni tan seca, ni tan húmeda y la transportan en su pico hasta sus nidos. Capa tras capa de arcilla son adheridas sobre el alero de algún granero u otro sitio amplio donde crean una estructura en forma de medio círculo. Las golondrinas de granero mezclan la arcilla con hierbas, pasto y raíces vegetales. Como toque final, cubren el nido con plumas, especialmente con plumas blancas.

Las golondrinas de granero son comunes en los campos de labranza y en los campos abiertos del norte del continente americano. Son fáciles de identificar: Tanto el macho como la hembra son de color azul oscuro brillante, su pecho es de color canela y su garganta es café-rojizo. Las golondrinas jóvenes, comparadas con las adultas, tienen la cola menos bifurcada y colores más pálidos y apagados.

Las golondrinas se alimentan de insectos que atrapan en el aire. La lluvia constante puede ser peligrosa para estas aves porque pocos insectos vuelan en tal clima. Si están anidando, los padres deben alimentar no sólo a sus polluelos pero a sí mismos.

Una golondrina que transporta una suave pluma de pollo para su nido, probablemente tenga que pelear con sus vecinos que tratarán de robarle el premio.

FAISÁN DE CUELLO ANILLADO

De todas, el ave más colorida en los campos de labranza es el faisán de cuello anillado macho, de cabeza verde, cara roja, cola larga y collar blanco en el cuello.

Aunque pueden volar, los faisanes pasan la mayor parte del tiempo en el suelo. Son capaces de correr rápidamente si están en peligro. Un macho de colores encendidos puede desvanecerse como por arte de magia si necesita pasar desapercibido. En realidad, sus colores le ayudan a esconderse.

En primavera, las hembras, que son de color café, anidan en planicies pastosas y campos de heno. La hembra construye su nido con pasto sobre el suelo y pone hasta 15 huevos de color café pálido. Los polluelos nacen de 23 a 25 días después. Luego de nacer, la madre los guía a los campos, donde encontrarán abundantes insectos para alimentarse. Los faisanes adultos comen semillas pero los polluelos sólo comen insectos.

Los faisanes habitan principalmente en cercas matosas, campos de cultivo y en los bajos matorrales.

En invierno los faisanes se mudan a pantanos congelados o a páramos con arbustos para cubrirse, y sólo salen para alimentarse. Comerán maíz u otros granos que los granjeros les proporcionen, semillas de hierbas, moras, zumaque, manzanas y cualquier otro tipo de alimento vegetal.

El color café pálido que tienen los huevos del faisán les ayuda a pasar desapercibidos en sus nidos de pasto sobre el suelo.

Los polluelos de faisán pueden caminar o correr a sólo unas cuantas horas de nacidos. Pero si están en peligro, saben como quedarse inmóviles. ¡Pareciera que desaparecen!

A ORILLAS DEL AGUA es uno de los mejores lugares para buscar aves—o cualquier otro tipo de vida salvaje. Puede ser a lo largo de una costa marítima, en la orilla de un pantano o en un lago de un parque.

Las aves abundan cerca del agua porque encuentran alimentos fácilmente. Las orillas del agua tienen mucho que ofrecer a las aves hambrientas: plantas para los forrajeros o pequeñas presas para cazadores como las garzas y las garcetas. Algunas aves, como las gaviotas, se alimentan de muchas cosas, incluyendo sobras dejadas por la gente.

Las aves que viven cerca del agua poseen estructuras especiales para sobrevivir. Los patos tienen plumas aceitosas que los mantienen secos. Las largas patas ayudan a las garzas y a los flamingos a no mojarse.

GAVIOTAS

A la gaviota que ríe se le llama así por el extraño sonido que emite.

Existen gaviotas de arenque, gaviotas de pico anillado, gaviotas que ríen y gaviotas de espalda negra. ¡Hay muchas clases de gaviotas! Pero existe una gaviota que no encontrarás—la "gaviota marina". La verdad es que no existe ninguna gaviota con tal nombre. Algunas gaviotas viven a muchas millas o kilómetros del océano. Pero debemos llamarlas por su nombre correcto, simplemente "gaviotas".

Las gaviotas comen carroña o cualquier cosa que encuentren—¡aun de un picnic desatendido!

Las gaviotas de pico anillado se encuentran tanto en agua dulce como en agua salada.

La gaviota de arenque es grande y ruidosa. Se encuentra en casi todo el hemisferio norte. Las gaviotas de arenque miden cerca de dos pies (.6 m) de largo desde el pico a la cola, con una apertura de alas de alrededor de cuatro pies y medio (1.4 m).

A primera vista, las gaviotas de pico anillado se parecen mucho a las gaviotas de arenque, pero son más pequeñas y más delgadas. Las adultas tienen patas amarillas y un pico amarillo con una banda oscura en la punta (así fue como se ganó su nombre).

Algunos tipos de gaviotas han aprendido a dejar caer almejas o mejillones desde el aire para que se estrellen contra las rocas y su concha se abra.

Durante la primavera y el verano, la gaviota que ríe tiene el pico rojo y la cabeza negra-oscura. Después de la temporada de cría, esta gaviota cambia, su cabeza se vuelve blanca con un toque de gris en la parte tasera. El pico se torna negro. Vive cerca del mar.

PELÍCANOS

La famosa bolsa del pelícano, cuyo dicho dice "carga más que su mismo estómago", se usa para atrapar peces. Así es como funciona: El pelícano vuela cerca del agua a pocos metros de las superficie. Cuando localiza a un pez se tira en picada, echa sus alas hacia atrás y golpea el agua. Abre su pico inmediatamente que toca el agua. La bolsa se infla y "encesta" al pez. Cuando el pelícano regresa a la superficie, apunta su pico hacia abajo y tira el agua de la bolsa. Luego echa la cabeza hacia atrás y traga el pez.

El pelícano café construye su nido sobre el piso de los acantilados, a veces en árboles, pero siempre formará parte de una colonia de pelícanos. Una colonia de pelícanos puede ser parte de otra colonia aun mayor de pelícanos, cormoranes y garzas. En los 1960, el número de pelícanos cafés disminuyó considerablemente, debido a pesticidas como el DDT que estaban envenenando las aguas costeras. El químico DDT causaba que los cascarones de los huevos de los pelícanos fueran muy delgados y que se rompieran fácilmente cuando la hembra trataba de empollarlos. El pelícano café se designó como una especie en peligro, pero como el uso de los pesticidas peligrosos se ha detenido, el pelícano continúa creciendo en número.

Los pelícanos tiernos nacen sin plumas, pero pronto se cubren con un tipo de pelusa gris. Comen peces parcialmente digeridos de las bolsas de sus padres.

Los pelícanos viven en bandadas grandes y ruidosas. Comparten su hábitat con otras aves costeras como garzas y cormoranes.

Los científicos han encontrado fósiles que hacen pensar que los pelícanos han existido—sin cambios—¡por alrededor de 30 millones de años! Eso es mucho más de lo que el hombre ha existido.

FLAMINGOS

Las largas patas y el cuello del flamingo le ayudan a alimentarse sin tener que mojarse el resto de su cuerpo.

Los polluelos de los flamingos beben rica leche de buche, que es elaborada en la garganta de sus padres.

Los flamingos de la Florida no viven en libertad. Los flamingos en los parques y zoológicos de la Florida son aves capturadas.

El flamingo se distingue como símbolo especial de los trópicos, pero en realidad existen seis especies diferentes de flamingos en el mundo. ¡Una clase de flamingo vive en las altas y nevadas montañas de los Andes!

La dieta juega un papel importante en el color de los flamingos. Los flamingos en cautiverio deben alimentarse de camarones para permanecer saludables.

Su pico grande y curvado hacia abajo, sus largas patas y su cuello le ayudan a alimentarse. El flamingo puede rondear por el agua sin tener que mojarse el resto del cuerpo. Con su cuello y su cabeza hacia abajo y con su pico bajo el agua, bombea el agua de adentro hacia afuera. Filtros en su boca retienen a pequeños moluscos, insectos y algas que el flamingo traga. En muchas ocasiones el flamingo mantiene su pico de cabeza. La lengua está situada en el techo de la boca. La parte superior del pico es la parte que se mueve, la parte inferior está fijada al cráneo. Como el flamingo pone su cabeza de cabeza cuando se alimenta entonces su pico y la lengua trabajan "normalmente".

Los flamingos anidan en enormes colonias, algunas veces hasta de cientos de miles de aves. El nido tiene forma de copa construido de lodo sobre el suelo. Los nidos contienen un solo huevo.

PATO SILVESTRE

Con su cabeza de color verde, el pecho café y las patas anaranjadas, el pato silvestre macho— o "dragón"— es una de las aves más conocidas en el mundo. Pero claro: El pato silvestre habita en todo el hemisferio norte y en África.

Los patos silvestres dragón son inconfundibles, pero las hembras, llamadas gallinas, son menos coloridas y se confunden con hembras de otras especies. La hembra del pato silvestre es de color café y su cabeza es pálida. Su pico es anaranjado con una gran mancha negra. Sus piernas y patas también son de color naranja. La gallina y el pato salvaje ambos tienen grandes parches de azul brillante en sus alas, los costados de las alas son rayados con delgadas líneas en negro y blanco. Ningún otro pato posee esta combinación.

Los patos silvestres se aparean en invierno. La gallina hace todo el trabajo para criar a sus polluelos. Construye su nido sobre el suelo. Parece un tazón poco profundo de pasto entretejido con plumas que arranca de su propio pecho. Cuando los polluelos nacen están cubiertos por una especie de pelusa, tienen los ojos abiertos y pueden caminar y alimentarse solos inmediatamente.

Los patos silvestres pertenecen al grupo de aves conocidas como patos de estanque. Prefieren los estanques poco profundos, los pantanos y los lagos.

Tan pronto como nacen los polluelos, la gallina los guía al agua para su primera lección de natación.

RECÓNDITO EN LOS BOSQUES

existen aves que difícilmente ven a la gente. Viven en altos y frondosos árboles, son tímidas y difíciles de observar. El hábitat de las aves de la foresta—o su vecindario—les viene bien, pues les

ofrece lugares seguros para anidar y gran cantidad de insectos para alimentar a sus polluelos en crecimiento.

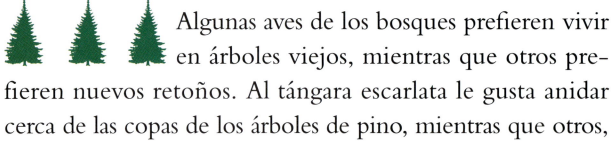 Algunas aves de los bosques prefieren vivir en árboles viejos, mientras que otros prefieren nuevos retoños. Al tángara escarlata le gusta anidar cerca de las copas de los árboles de pino, mientras que otros, como el halcón de Cooper prefieren construir sus nidos en árboles frondosos. A las lechuzas no parece importarles dónde viven. Se encuentran en todos los bosques.

PÁJAROS CARPINTEROS

Raramente existe un bosque que no posea pájaros carpinteros que habitan en sus árboles.

Esta pareja de pájaros carpinteros no sólo trabajarán juntos en cavar el hoyo para su nido, sino que también cuidarán juntos a sus crías.

Las plumas de la cola son tiesas y fuertes y ayudan al ave a sostenerse mientras taladra.

Un pájaro carpintero está habituado a vivir golpeando cosas duras con su pico—algo que otras aves encontrarían doloroso. ¡Pero no el carpintero! Su pico está especialmente diseñado para ser fuerte. También posee una especie de almohadilla en la base de su cráneo que amortigua el sonido del martilleo.

El pájaro carpintero tiene también patas especiales que le permiten sostenerse de los árboles. Colgado así con sus fuertes garras, el pájaro carpintero se recuesta hacia atrás y apoya las plumas duras de su cola contra el árbol. El taladreo del pájaro carpintero se remonta por todo el bosque. Una vez que cava un hoyo, sumerge su pegajosa y barbada lengua para extraer insectos, de los que se alimenta.

No es sorprendente que los pájaros carpinteros aniden en hoyos que cavan en los árboles. Cavan un nuevo hoyo cada primavera, así mantienen controladas las plagas de insectos. Cuando construyen su nido, los pájaros carpinteros escogen una rama que se incline hacia arriba, bajo la cual cavan el hoyo. La rama protegerá su nido en caso de mal tiempo.

Los machos y las hembras cazan en diferentes partes de los árboles. La hembra taladra a lo largo del tronco, el macho en lo más alto o en las pequeñas ramas. Con estas "reglas", es más fácil para ambos encontrar suficiente alimento para comer.

CURRUCAS

El punto culminante de la primavera para un observador de aves, es el avistamiento de una bandada de currucas hambrientas que se alimentan en las copas de los árboles después de una noche de migración. Ningún otro

grupo de aves canoras es tan hermoso como estas gemas emplumadas.

Las currucas anidan en las copas de los árboles y sabemos poco acerca de sus hábitos. La hembra pone alrededor de cuatro huevos que incuba durante 11 días. Las hembras son de color pardo, así pasan inadvertidas mientras incuban sus huevos.

Cada día existen menos aves canoras en los bosques—especialmente currucas y tordos. Los ornitólogos opinan que el problema se debe a la tala de bosques para construir carreteras, líneas eléctricas y edificios. Esto provoca que los depredadores que usualmente cazan fuera de las profundidades de los bosques—cuervos, azulejos y mapaches—entren al territorio de estas aves.

Hay más de 50 especies de currucas en el norte de México. Muchas más viven en el trópico.

Las currucas macho de la mayoría de las especies están marcados con colores brillantes de amarillo, naranja, rojo, verde o azul. Las hembras no son tan coloridas, tal vez para esconderse mejor cuando están incubando sus huevos.

El pico de la curruca es delgado y agudo para atrapar insectos.

GRAN BÚHO DE CUERNOS

Las crías del gran búho de cuernos nacen en diferentes momentos. Si la comida es escasa, la cría mayor la obtendrá. Así se asegurará de que por lo menos una de las crías vivirá, en lugar de que todos mueran por inanición.

Durante una helada en una noche del mes de enero el sonido profundo ju, juuu, juu de una pareja de grandes búhos de cuernos retumbará en los bosques. Los búhos comienzan a cortejear a mediados del invierno. Para febrero habrán escogido su nido, probablemente será uno que perteneció alguna vez a un halcón, una ardilla o un cuervo. El nido puede ser la copa de un árbol roto y la hembra le añadirá más base. Los búhos no harán nada más al nido y pondrán dos o tres huevos.

El gran búho de cuernos mide alrededor de dos pies (.6 m) de altura. ¡Su apertura de alas es de casi cuatro pies (1.2 m)!

Tanto el macho como la hembra tienen un plumaje mezclado de colores café, negro y blanco. Sus grandes ojos son amarillos y el "disco facial" alrededor de los ojos es rojo-café. Los penachos de plumas que parecen orejas o cuernos—y que le dan al búho su nombre—funcionan de diferentes maneras. Los penachos reflejan el "humor" del búho. También le sirven de defensa—hacen verse al animal como un mamífero. Las verdaderas orejas del búho están cerca de sus ojos y en la orilla del disco facial. Aunque sus orejas no se pueden ver a simple vista, el búho tiene muy buen oído. Por esa razón, es un cazador excelente.

¡El gran búho de cuernos tiene tan buen oído que puede cazar guiándose por los sonidos!

La hembra del gran búho de cuernos es ligeramente más grande que el macho. No los podrías distinguir a menos que los veas en su nido.

Los grandes búhos de cuernos comen animales pequeños. ¡También son capaces de cazar zorrillos o puercos espín!

HALCÓN DE COOPER

El halcón de Cooper caza entre los árboles. Su cola es larga y sus alas cortas. Puede cambiar de velocidad en cualquier momento. Si un ave o un pequeño mamífero trata de esconderse en algún lugar de la espesa hierba, el halcón caminará para atraparlo.

Los halcones de Cooper pueden emparejarse de por vida. Cuando comienza la primavera el macho escoge un lugar para el nido, generalmente en un pino o un abeto. El macho construye la mayor parte del nido con ramas alternadas y lo forra con cáscaras de corteza de árbol. La hembra pondrá de cuatro a cinco huevos. Los padres atacarán a cualquier depredador que se acerque demasiado. Durante la época de anidación, el macho es quien caza más. Trae sus presas al nido y se las da a la hembra. La hembra cortará en pedazos la presa y alimentará a sus polluelos.

Los halcones eran considerados plagas porque matan a otros animales. Ahora, sabemos que juegan un papel importante en el equilibrio ecológico. Un halcón que mata a un ave canora no es diferente a un ave canora que mata insectos o lombrices para sobrevivir. Los halcones y los búhos gozan ahora de nuestra protección—ya no es legal matarlos.

Frecuentemente los halcones de Cooper cazan aves canoras en los comederos de invierno.

Los tiernos polluelos pasarán más de un mes en el nido. Después de que empluman, pasarán 30 o 40 días antes de que puedan cazar por sí mismos.

29

EN LA NIEVE Y EN EL HIELO, imagina vivir en un lugar donde en un día "cálido" de verano el termómetro de mercurio marca el punto de congelación. No parece ser un lugar adecuado para vivir, pero las aves que existen los polos norte y sur se las arreglan para sobrevir en el frío.

Muchas aves polares están cubiertas por gruesas capas de plumas que las mantienen con calor. Algunas tienen plumas en lugares donde otras aves no las tienen. Y como sucede con el blanco oso polar y la zorra ártica, algunas aves armonizan con la nieve. El búho nival permanece blanco todo el año, pero otras aves, como las perdices, cambian de color según las estaciones. La naturaleza ayuda maravillosamente a estas aves a sobrevivir los largos y fríos inviernos.

30

BÚHO NIVAL

Plumas abrigadoras cubren todo su cuerpo excepto las garras y los ojos. Incluso cubren la mayor parte de su pico.

La mayoría de los búhos son aves de bosque, pero el búho nival vive en la tundra, en el lejano norte donde el suelo es congelado y los vientos cortantes matarían hasta un árbol. El territorio de caza del búho nival será cualquier colina que le proporcione una vista del área.

Pocas cosas escapan a la vista de los ojos amarillos del búho nival. Vive atento a los movimientos de los pequeños roedores, que constituyen la mayor parte de su dieta. El búho nival se alimenta de toda clase de ratones y aves. Si la comida escasea comerá liebres, perdices, aves pequeñas e incluso pueden atrapar peces que nadan en el agua.

Los búhos nivales son de gran tamaño. Miden casi dos pies (.6 m) de alto y tienen una apertura de alas de alrededor de cinco pies (1.5 m). Las hembras pesan unas cuatro libras y media (1.7 kg). Son más pesadas que los grandes búhos de cuernos que casi son del mismo tamaño.

Los búhos nivales no emigran. Pero cuando escasean los alimentos se van al sur. Encuentran más presas en climas cálidos. Los búhos nivales también se encuentran en el sur de los Estados Unidos, en Louisiana y en Georgia. Escogen lugares que parezcan tundras—campos abiertos, playas o campos aéreos—como hogares temporales.

En la tundra desarbolada, el nido del búho nival debe estar sobre el suelo. La hembra cava un hoyo poco profundo en el suelo. No forrará el nido, simplemente pondrá sus huevos sobre la tierra desnuda.

Los polluelos de los nivales nacen 33 días después, cubiertos con un grueso abrigo de pelusa gris. Conservan su abrigo hasta que empluman. Los padres atacarán a cualquier depredador que se acerque demasiado al nido.

PERDICES

Las perdices de roca y su pariente cercana la perdiz de sauce, se encuentran en las tundras árticas alrededor del mundo. Una tercera especie, la perdiz de cola blanca vive en lo alto de las montañas rocallosas de Alaska hasta el estado de Nuevo México, Estados Unidos. Las perdices son maestras del disfraz, ya que viven en el suelo. Su nido no es más que una pequeña excavación en el suelo forrado con plumas y pasto. Vivir en árboles no les haría ningún bien, pues los árboles en la tundra—que es como se le llama este tipo de tierra—son muy bajos.

En verano las plumas de las perdices son cafés. Mientras los días pasan y el invierno llega, las plumas se tornan blancas. En el proceso parece como si les hubiera caído pintura blanca.

Los polluelos de las perdices son capaces de moverse y alimentarse a sí mismos poco después de que nacen. Así no estarán desamparados si llegara a presentarse un enemigo.

Las perdices prefieren caminar o correr a volar. Sin embargo, cuando están en peligro despegarán entre un sonido de alas agitadas que confundirá al enemigo. Una vez que las perdices están en el aire, trabarán sus alas y planearán en grandes distancias. Probablemente aterrizarán lejos de su nido. Si es forzada a emigrar al sur en busca de comida, la perdiz migrará a pie.

Cuando la temperatura baja demasiado, las perdices pueden pasar la noche bajo un montón de nieve. La nieve bloqueará el viento y mantendrá el calor del cuerpo del ave. Si las perdices simplemente caminaran bajo el montón de nieve podrían ser detectadas por una zorra o un lobo a través de su olor. Por eso la perdiz vuela—aterriza de cabeza—dentro de la nieve, desapareciendo en una explosión blanca.

La perdiz usa zapatos de nieve. Las plumas de sus pies le ayudan a caminar sobre la nieve.

PINGÜINOS

Como el pingüino emperador, los machos del pingüino rey también sostienen sus huevos entre sus patas. Un exceso de piel abdominal mantiene caliente al huevo.

Los pingüinos no son como las otras aves del mundo. Han renunciado por completo al vuelo. En su lugar, viven sus vidas por—y dentro—del océano donde nadan y pescan su alimento. Existen 18 especies de pingüinos, todos en el hemisferio sur. Sin embargo, no todos viven en la Antártida como mucha gente cree. Hay pingüinos en Australia, Nueva Zelanda, África, Sudamérica y en muchas islas del Atlántico sur. Aunque estos lugares están alejados de la Antártida, existen corrientes oceánicas frías en estas costas. El cuerpo de un pingüino es adecuado para la vida en las aguas frías.

Estos polluelos de pingüino emperador viven en grupo y son cuidados por unos cuantos adultos. Esto libera a los padres para que puedan pescar para comer.

El pingüino emperador es el pingüino más grande. Pesa más de 80 libras (30 kg) y mide casi cuatro pies (1.5 m) de altura. ¡Es casi tan alto como una vaca! Sólo se encuentra en la costa de la Antártida donde anida en enormes colonias. A diferencia de los demás pingüinos, los emperadores ponen sus huevos al inicio del invierno en el hemisferio sur, donde el sol nunca sale totalmente y la temperatura puede bajar hasta –60°F (–51°C).

¡Los pingüinos emperadores se distinguen por bucear a profundidades de hasta 875 pies (267 m) y permanecer bajo el agua por 18 minutos!

La hembra del pingüino emperador pone un solo huevo. Si ese huevo tocara el suelo, se congelaría inmediatamente. El pingüino emperador macho pasa seis semanas sin moverse, sosteniendo el huevo entre sus patas. Un exceso de piel abdominal cubre el huevo y lo mantiene caliente. El

Las alas de los pingüinos han evolucionado a través de los años. Son fuertes "aletas" que los ayudan a nadar.

macho no come nada durante esos días, vive sólo de las grasas de su cuerpo. Cuando el huevo finalmente revienta, el macho deja el polluelo al cuidado de la madre que ha pasado todo ese tiempo alimentándose. Seguidamente el macho se va solo a una merienda bien merecida.

Los pingüinos Adélie de la Antártida anidan durante el verano en el polo sur. Millones de estos pequeños pingüinos cubren las playas. Debido a que la temperatura es más tibia—algunos días llega a unos 30°F (-1° C)—los Adélie construyen un burdo nido con piedras en el cual ponen dos huevos. El macho se encarga de la incubación. Se sienta durante siete a once días sin comer antes de que los polluelos rompan el huevo y su compañera se hace cargo de ellos. Los polluelos permanecen en el nido durante 22 días. Luego se unen a otros de su edad en un "jardín de crías" enorme. Con sus críos en dicho jardín, los padres pueden salir a pescar sus alimentos.

Para salir del agua, un pingüino acelera el paso hasta que puede "volar" fuera del agua y aterrizar sobre su estómago o patas.

El pequeño Adélie es el más conocido de los pingüinos. Se adapta muy bien al cautiverio.

35

JOYAS EMPLUMADAS

—¿Existe una mejor forma para describir a las aves tan coloridas de los bosques tropicales? Los bosques tropicales lluviosos son los lugares más ricos

de la Tierra. Sus aves son también las más hermosas del mundo. 💧 💧 💧 💧 💧

El tucán tiene la cara pintada como un payaso. Los loros parlotean en los altos árboles. Urracas y cientos de clases de colibríes se reúnen en una comunidad de aves exóticos como el guacamaya y el quetzal, el ave adorada de los mayas.

Las aves de los bosques tropicales pasan la mayor parte del tiempo sobre las copas de los árboles en el follaje. Esto hace muy difícil observarlas y aprender acerca de ellas.

TUCANES

Los tucanes ladran, croan y graznan. ¡Difícilmente suenan como aves!

¡Los tucanes son los payasos de los bosques tropicales!

El pico de un tucán es tan grande que te preguntarías cómo hace para sostener su cabeza. Su pico es casi tan largo como su cuerpo. Sin embargo, es realmente muy ligero. Tiene espacios de aire en su interior.

Los ornitólogos no están seguros de por qué los tucanes tienen esos picos tan largos y coloridos. Puede ser porque la fruta a veces crece en ramas delgadas donde el pesado tucán no se puede posar. El tucán puede posarse cerca del tronco del árbol y con el pico alcanzar la comida. Los colores vivos pueden servir de advertencia a otros tucanes para que se mantengan alejados de su nido o para cautivar a las hembras. Tal vez los colores les ayudan a distinguirse para mantenerse en grupo. O puede haber una razón que todavía no conocemos.

Existen 33 especies diferentes de tucanes. Todos ellos se encuentran en México, y en Centro y Sudamérica. Uno de los más grandes y más coloridos es el tucán pico de quilla. Mide 20 pulgadas (45 cm) de largo y su cuerpo es casi negro. Su enorme pico es verde, rojo, anaranjado y azul. La mayoría de los otros tucanes y tucanetas—tucanes más pequeños—también tienen colores encendidos.

El pico del tucán es de peso ligero. Pero sus bordes son duros como una sierra.

38

Los tucanes se alimentan de frutas, aunque pueden usar sus largos picos para alcanzar en los nidos huevos o polluelos para comer. A veces, comen insectos, lagartijas y arañas.

Cuando un tucán traga una fruta, le está haciendo un favor al árbol. La fruta es sabrosa para el tucán, pero tiene una semilla. Las semillas pasan a través del ave y caen al suelo lejos del árbol en que crecieron. Pueden germinar y convertirse en nuevos árboles en diferentes partes del bosque. No todas las aves que comen fruta diseminan las semillas. Los jugos estomacales de los loros, por ejemplo, son lo suficientemente fuertes para digerirlas.

Los tucanes usualmente viajan en pequeñas bandadas. Riñen mucho entre sí conforme saltan de rama en rama buscando fruta madura. Cuando aves como éstas viven juntas, se les llama "aves sociales". Los tucanes emiten muchos sonidos, algunos son fuertes y no parecen de ave. El tucán pico de quilla croa como una pequeña rana. ¡La pequeña tucaneta esmeralda ladra como un perro!

Los tucanes usan sus largos picos para alcanzar la fruta que crece en pequeñas ramas.

Las tucanetas son pequeños tucanes. Son verdes, con marcas coloridas.

Muchas aves de los bosques tropicales están en peligro de extinción porque las junglas están siendo destruidas.

EL RESPLANDECIENTE QUETZAL

Cuando el quetzal macho despega de una rama, se deja caer hacia atrás. De esta forma no lastima las delicadas plumas de su cola.

Las plumas del quetzal son iridiscentes, lo que significa que al darles la luz se iluminan con colores brillantes.

El quetzal hembra es menos colorida que su pareja. No tiene ninguna de las largas plumas laterales y tampoco tiene cresta. Sólo tiene un poco de rojo bajo su cola.

El quetzal habita en lo alto de las montañas nubladas del sur de México y en América Central. Es una de las más bellas aves del mundo.

El quetzal macho es sorprendente. Su cuerpo es solamente del tamaño de un pichón, pero largas y relampagueantes plumas verdes laterales lo hacen medir más de dos pies (.6 m). Estas plumas laterales esconden su verdadera cola. Su cuerpo y pecho son de un brillante verde encendido con dorado. Tiene una cresta hirsuta y su abdomen es de color rojo.

Vive por lo menos a 5,000 pies (1525 m) de altura en las zonas montañosas. Los bosques de esta zona son lluviosos y se les conoce como, "bosques nublados". Cada árbol tiene en sus ramas orquídeas, helechos y otras plantas tropicales. En un lugar tan húmedo, los colores del quetzal lo disimulan muy bien.

Los quetzales machos usan sus largas plumas laterales para atraer a su pareja. Algunas veces vuelan en grandes círculos en lo alto de la foresta donde las hembras los divisan con claridad. Una pareja apareada de quetzales anida en árboles podridos que todavía estan en pie. Cavan un orificio donde construyen su nido. A veces usan un nido abandonado de un pájaro carpintero y sólo lo agrandan.

GALLO DE LAS ROCAS

Los colores neón del los gallos de las rocas le ayudan a atraer pareja en las penumbras de los bosques lluviosos.

El gallo de las rocas macho es una de las aves más extrañas de los bosques tropicales. Es de color neón anaranjado y su pico está completamente escondido entre plumas.

Para encontrar pareja, doce o más machos se reúnen en un lugar libre de hojas o plantas. Los ornitólogos llaman a estos lugares "espacios de cortejo" y son comunes entre las aves de los bosques lluviosos. Algunas aves los usan año tras año.

Cerca de los espacios de cortejo, los machos esperan sobre los árboles a que llegue una hembra. Tan pronto como ella aterriza, los machos gritan fuertemente y vuelan hacia el suelo. Erguidamente agitan con destreza sus alas blancas y negras y tratan de llamar la atención de la hembra. Regresan hacia los árboles para luego volver a bajar y agitar sus alas un poco más.

Los machos se yerguen, exponen sus plumas como si desearan lucir de la mejor forma. La hembra se toma su tiempo, observa de cerca a cada macho antes de escoger a uno de ellos como su pareja.

La hembra sola cría a los polluelos, construye el nido, incuba los huevos, y alimenta a las crías. El macho no le ayuda. Él se queda en los espacios de cortejo para atraer a otras hembras.

El gallo de las rocas parece no tener pico. Su cresta parece un casco redondo cuando se ve de lado. Es tan delgada como la hoja de un cuchillo desde el frente.

La hembra de gallo de las rocas es café oscuro y tiene sólo una pequeña cresta sobre su pico. Es difícil verla entre las hojas y sombras.

LOROS

Los loros no sólo habitan en los bosques lluviosos. Algunos viven en bosques madereros o montañas y otros viven en la orilla de los desiertos.

La mayoría de los loros viven en árboles huecos. Muchos los harán un hoyo en nidos de termita. Otros construyen nidos con hierbas y pasto.

Los loros se encuentran en Centro y Sudamérica, África, Asia y Australia. No importa de donde sean, todos tienen la misma forma básica. Sus picos son pesados y ganchudos, diseñados para cortar frutas y romper semillas. Sus cuerpos son pesados y sus piernas cortas. Tienen dos dedos frontales y dos dedos traseros que les ayudan a sostener los alimentos. (La mayoría de las aves usan sus patas únicamente para posarse). Los loros usan su pico como una "tercera pata". Enganchan el pico sobre la corteza de los árboles mientras trepan.

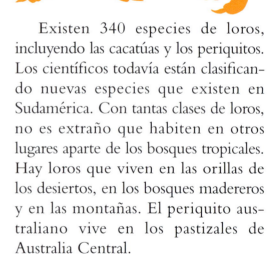

Existen 340 especies de loros, incluyendo las cacatúas y los periquitos. Los científicos todavía están clasificando nuevas especies que existen en Sudamérica. Con tantas clases de loros, no es extraño que habiten en otros lugares aparte de los bosques tropicales. Hay loros que viven en las orillas de los desiertos, en los bosques madereros y en las montañas. El periquito australiano vive en los pastizales de Australia Central.

Existió una especie de loro en el este de los Estados Unidos, el periquito de Carolina. Era un ave hermosa de colores verde, amarillo y anaranjado. Se extinguió en 1920 debido a que dañaba las cosechas. Otra especie nativa norteamericana es el loro de pico grueso Habitaba en los bosques de pinos del estado de Arizona. Estos loros están siendo liberados de nuevo con la esperanza de que se vuelvan comunes otra vez.

El más extraño de los loros es el kakapú de Nueva Zelanda. Este loro no puede volar y es apodado "loro búho". También de Nueva Zelanda es el kea. El kea actúa más como halcón que como loro. ¡Puede incluso matar ovejas enfermas!

Algunos loros están entre las aves en peligro de extinción. Conforme se destruyen los bosques tropicales, las aves que habitan allí pierden sus hogares. Muchos son capturados de sus hábitats naturales y son vendidos como mascotas. Miles de miles de loros son capturados cada año. Muchos mueren durante este proceso o posteriormente cuando son transportados a las tiendas. Para ayudar a salvar a los loros salvajes, sólo deben servir de mascotas los que nacen en cautiverio.

Los loros salvajes conviven en bandadas grandes y ruidosas. Es cruel mantener a un loro enjaulado.

Pericos de pico grueso como éstos fueron comunes hace mucho tiempo en las montañas de Arizona. Están siendo introducidos de nuevo para repoblar los bosques.

Las guacamayas son la especie más grande de loros. Esta guacamaya de alas verdes crecerá hasta medir 35 pulgadas (87.5 cm) desde el pico a la cola.

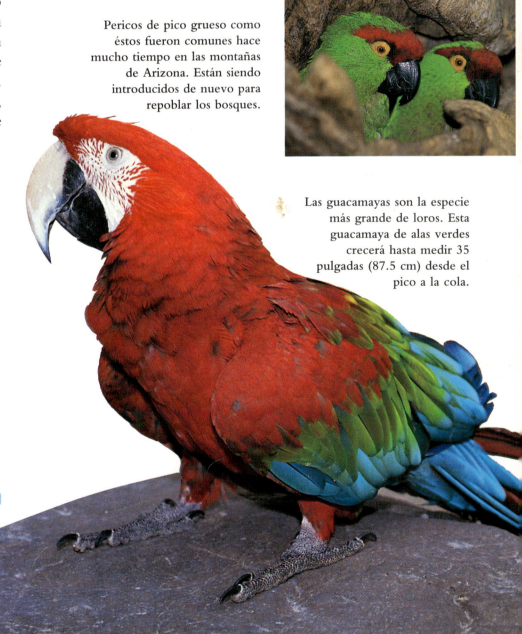

GLOSARIO

Abertura de alas: Distancia de punta a punta de las alas extendidas de un ave.

Adaptaciones: Cambios que suceden a través del tiempo—tal vez millones de años—que ayudan a los animales o plantas a sobrevivir.

Aparearse: Para reproducirse, algunas aves permanecen con su pareja para toda la vida, otras hasta que se ponen los huevos.

Bandada: Grupo de aves que permanecen juntas por protección o por busca de alimentos.

Buche: Bolsa en la garganta de algunas aves donde almacenan alimentos después de ser tragados pero que todavía no llegan al estómago.

Camada: Conjunto de crías nacidas a la vez. Algunas aves ponen más de una camada de huevos al año.

Camuflaje: Encubrir algo con apariencia engañosa.

Carroñero: Animal que se alimenta de materias muertas o descartadas en lugar de atrapar presas vivas.

Colonia: Grupo de aves que anidan cerca.

Cortejo: Acción de atraer o impresionar a un compañero. Un ave puede cantar, compartir alimento o mostrar sus plumas cuando está cortejando.

Cresta: Penacho puntiagudo de plumas en la cabeza de un ave.

Depredador: Cualquier animal—incluyendo aves—que atrapa, mata y se come a otros animales.

Emigrar: Moverse de un área a otra, generalmente a grandes distancias. Muchas aves emigran al sur para escapar de los inviernos fríos y regresan al norte nuevamente en primavera.

Emplumar: Echar el ave la pluma. Un "emplumado" es un ave joven que apenas acaba de dejar el nido.

Especie: Grupo de seres vivos con características comunes.

Especies en peligro: Grupos de animales o plantas que están en peligro de extinción.

Extinto: Especies que ya no existen, como el dinosaurio y el pichón pasajero.

Hábitat: Medio ambiente o región donde habita una determinada especie animal o vegetal.

Incubar: Mantener calientes los huevos para que se desarrollen. Un ave al incubar se sienta sobre los huevos, calentándolos con su calor corporal.

Jardín de crías: Grupo grande de aves bebés que están como en una guardería, vigilados por unos cuantos adultos que los protegen.

Lugares de cortejo: Espacio que algunos animales machos utilizan para cortejar a las hembras.

Medio ambiente: Todos los alrededores—aire, agua, tierra, plantas y animales—y la manera en que interactúan.

Mudar las plumas: Reemplazar las plumas viejas con nuevas.

Nidada: Temporada de cría de las aves.

Ornitólogo: Científico que estudia a las aves.

Plumaje: Las plumas de un ave.

Polluelo: Cría de un ave, desde el tiempo en que sale del huevo hasta cuando deja el nido.

Presa: Animales que son capturados por depredadores. Por ejemplo, las aves canoras son la presa usual del halcón de Cooper.

Territorio: Área que un ave o un par de ellas definen como suya. Algunas aves defienden su territorio contra otras aves de su misma especie.